L 27 11
25347

ORAISON FUNÈBRE

DE

MGR GUILLAUME-LAURENT-LOUIS ANGEBAULT

ÉVÊQUE D'ANGERS

PRONONCÉE DANS L'ÉGLISE CATHÉDRALE

Le jeudi 4 novembre 1869

PAR

M. l'abbé SUBILEAU

CHANOINE HONORAIRE, SUPÉRIEUR DU PETIT-SÉMINAIRE MONGAZON.

———

ANGERS

E. BARASSÉ, IMPRIMEUR-LIBRAIRE, RUE SAINT-LAUD, 83.

—

1869

Elegit servum suum pascere hæreditatem
suam et pavit eos in innocentiâ cordis sui et
in intellectibus manuum suarum deduxit eos.

Choisi pour être le pasteur d'un peuple
préféré, il l'a nourri dans l'innocence de son
cœur et l'a dirigé avec une activité pleine
d'intelligence.

(Ps. LXXVII, vv. 76 et suivants.)

MONSEIGNEUR [1],

C'est ainsi que l'Esprit-Saint nous représente David dont la glorieuse destinée a été de figurer le Pasteur suprême, Jésus-Christ, et du même coup tous les vrais pasteurs de la Loi nouvelle. Or, à ce portrait, ne reconnaissez-vous pas celui que nous pleurons? Comme le saint roi, n'a-t-il pas été visiblement *choisi?* Sans rappeler en ce moment tant d'autres signes de l'élection divine, n'a-t-il pas tremblé devant la charge pastorale et fait tous ses efforts pour se dérober à ce redoutable honneur? *Elegit servum suum.* N'a-t-il pas eu à gouverner *un héritage cher à Dieu*, une Eglise privilégiée? *Pascere hœreditatem suam.* L'innocence du cœur, la sainteté de la vie, la pureté des intentions l'ont-elles abandonné jamais dans une carrière de quatre-vingts ans? *Et pavit eos in innocentiâ cordis sui.* Enfin, avec quelle *activité* et aussi avec quelle *intelligence*

---

[1] Mgr l'archevêque de Tours.

n'a-t-il pas *dirigé le troupeau* confié à sa houlette ? *Et in intellectibus manuum suarum deduxit eos.*

Pour compléter ce tableau, empruntons encore aux Livres saints les traits charmants sous lesquels le grand-prêtre Onias apparut à Judas Machabée. Nous avions en lui un pontife *plein de bonté et de douceur, virum bonum et benignum; dont la vue seule inspirait le respect, verecundum visu ; modeste dans ses habitudes, modestum moribus ; au langage plein de grâce, eloquio decorum, et qui s'était exercé, dès sa plus tendre enfance, à toutes les vertus, et qui à puero in omnibus virtutibus exercitatus sit* (1).

Tel il était. Pendant qu'il marchait à notre tête, nous étions heureux et fiers de le posséder ; et maintenant qu'il n'est plus, peut-être sentons-nous mieux encore quel don Dieu nous avait fait et nous a ravi. Aussi un nuage de deuil s'est-il étendu sur tout le diocèse. Et de la douleur vraie qui remplit les âmes fidèles quel témoignage éclatant, dans cette assemblée immense où se pressent tous les rangs de la société !

Monseigneur, si nous avions pu, ce qui n'est pas, nous abuser sur l'étendue de la perte que nous avons faite, nous l'aurions comprise en vous voyant accourir quatre fois au milieu de nous pour prodiguer à notre Evêque, dans les derniers jours de sa vie et après sa mort, les marques d'une amitié qui est un si précieux honneur. Nous l'aurions comprise lorsque, renouvelant à nos yeux une scène des premiers siècles de l'Eglise, et, pareil à saint Grégoire faisant l'éloge de saint Basile, vous célébriez, du haut de cette chaire, avec une autorité de langage qui n'appartient qu'à vous, ce que vous avez appelé une *grande vie*.

Un tel hommage, tombé d'une telle bouche, peut tenir lieu de l'oraison funèbre la plus éloquente.

J'ai besoin de cette consolation, vous en avez besoin vous-mêmes, Mes Frères, puisque c'est ma faible voix qui doit aujourd'hui se faire entendre.

____

(1) II Mach., XV.

O Pontife, ô Père, je vous louerai, sinon avec talent, du moins avec amour ; j'y mettrai tout mon cœur ! Que n'est-il semblable à ce vase dont il est parlé dans l'Evangile, tout rempli d'un précieux parfum, et qui, répandu sur les pieds du Sauveur, embauma la maison tout entière ! *et impleta est domus ex odore unguenti* (1).

C'est un Fils qui va louer son Père. Toutefois, Chrétiens, ne craignez pas qu'il exagère les louanges. Il se souvient qu'il parle dans la chaire de vérité, dans le temple du grand Dieu qui *juge les justices elles-mêmes*. Puis *l'éloge de ces hommes glorieux qui ont été nos pères* (2) doit tourner avant tout à notre bien. Notre commune édification sera le but principal que je me proposerai.

Heureux privilége des hommes vertueux ! Leur vie a été un exemple ; leur mémoire est encore une prédication. Ainsi, selon la belle parole des Livres saints, *leurs ossements refleurissent dans leurs tombeaux* (3).

Et, en même temps, immense consolation pour nous ! La mort ne nous les enlève pas tout entiers : leurs œuvres demeurent, et le souvenir de leurs vertus nous reste.

Hâtons-nous de recueillir le riche héritage que nous laisse celui qui fut notre Père. Emparons-nous de sa vie ; plaçons cette image sacrée dans nos cœurs comme un modèle. — Pour nous aider dans le récit d'une existence si longue et si pleine, nous la partagerons comme Dieu l'a partagée lui-même, ce qui revient à suivre mon texte. Ainsi nous verrons d'abord par quelles voies notre vénérable Evêque a été préparé à ses hautes fonctions et placé à notre tête : *Elegit servum suum pascere hæreditatem suam.* Ensuite, nous admirerons la fécondité de son épiscopat : *Pavit eos in innocentiâ cordis sui et in intellectibus manuum suarum deduxit eos.*

---

(1) Joan., XII.
(2) Eccli., XLIX.
(3) Eccli., XLVI.

Tel est l'ordre de cet Eloge funèbre consacré à la mémoire de Mgr GUILLAUME-LAURENT-LOUIS ANGEBAULT, évêque d'Angers, Assistant au Trône pontifical.

I.

Dieu, qui du haut du ciel gouverne le monde, et ne trouve aucune de ses créatures, si petite soit-elle, indigne de ses soins, veille avant tout sur son Eglise. C'est à elle, selon la remarque de Bossuet, que se rapportent tous ses desseins ; ajoutons : tout son amour et un amour jaloux. Il l'a faite le centre et le sommet des choses. Comme au Patriarche, il lui a dit : *Je bénirai ceux qui te béniront, et maudirai ceux qui te maudiront* (1). Et parce que les plus graves intérêts de l'Eglise sont commis aux évêques, Dieu se réserve spécialement d'appeler et de préparer les premiers pasteurs (2). Je le sais, de temps en temps, voulant châtier telle ou telle portion de son Eglise, il permet que des hommes sans vocation se glissent dans le sanctuaire ; mais, grâce à la divine bonté, ces pasteurs indignes, *nuées sans eaux, astres errants* et sinistres (3), ne sont que de rares exceptions. Quelquefois le choix de Dieu se déclare brusquement et à l'improviste ; il abat sur le chemin de Damas Paul, frémissant de rage, et le relève apôtre ; il saisit Augustin au fond de ses passions, et en fait l'immortel évêque d'Hippone ; il inspire soudainement tout un peuple qui acclame le préfet Ambroise dans la basilique de Milan. Ce n'est pas sa manière ordinaire. Habituellement sa main se révèle dans une préparation progressive. Pour un si grand ouvrage, dit S. Grégoire de Nazianze, il *approche les matériaux et les dispose peu à peu* (4). Il choisit un jeune enfant, fleur

---

(1) Genèse, XII.
(2) Hébr, V.
(3) Jud.
(4) *Orat. 21.*

bénie d'une tige sainte, le parfume d'innocence, l'imbibe des meilleurs sucs de la piété, le couronne de vertu et de sagesse, et le mène comme par degrés à la dignité épiscopale.

Ainsi en a-t-il été pour notre vénérable Evêque. Le sceau de l'élection et de la préparation divines est empreint sur toute sa vie. *Elegit servum suum pascere hœreditatem suam.* Admirons, à son égard, la conduite toujours *forte* et aussi toujours *suave* de la Providence (1). Mais, en même temps, rappelons-nous, Mes Frères, que nous sommes pareillement l'objet de ses soins. O Dieu bon, pas un de nous n'est oublié : *vous nous portez écrits dans vos mains* (2), et l'on demeure stupéfait, en voyant que vous nous comblez des mêmes attentions que si chacun de nous était seul votre enfant !

Guillaume Angebault naquit à Rennes. C'était en 1790. La tempête déchaînée alors sur la France, ballota aussi le jeune enfant. Bientôt son père, avocat au Parlement de Bretagne, revenait à Nantes, berceau de sa famille, l'Assemblée constituante ayant détruit les Parlements pour réorganiser sur de nouvelles bases l'administration de la justice.

Il vaut la peine, Mes Frères, de nous arrêter devant la famille où prit naissance le futur évêque. Elle était ancienne, et comptait en grand nombre des membres qui avaient marqué honorablement leur place dans la magistrature et dans le barreau. A la noblesse des services, elle en joignait une plus haute, celle de la vertu. La piété forte et généreuse s'y transmettait comme un patrimoine inaliénable. Le moment venu où la fidélité à la religion, ainsi que la fidélité à la monarchie, parut un crime, la persécution s'abattit sur elle avec toutes ses rigueurs ; mais elle la trouva à la hauteur de tous les sacrifices, et l'histoire de cette courageuse famille apparaît ici comme un long martyrologe.

Le grand-père de Guillaume rougit l'échafaud de son sang. Sa grand'mère se vit condamnée à la détention perpétuelle,

---

(1) Sap., VIII.
(2) Isaïe, XLII.

et leurs biens furent confisqués. Une autre aïeule mourait dans les cachots de Nantes, qui s'étaient ouverts aussi pour recevoir son père et ses tantes. Sur deux de ses oncles, honorés du sacerdoce, l'un dut chercher un refuge en Espagne, l'autre, échappé à la mort, était réservé pour édifier pendant un demi-siècle la paroisse de Tilliers. — Cependant la mère du jeune Guillaume, seule, dépouillée de ses biens, ne pouvait suffire aux besoins de son fils, elle était réduite à l'envoyer chaque jour partager avec ses tantes la chétive nourriture du cachot.

Mourez sur l'échafaud, nobles chrétiens ; souffrez les horreurs de la captivité ; prenez, résignés, les chemins de l'exil ; ou bien encore, exposez votre vie sur ces champs de bataille où l'on meurt pour sa foi. Aucune de vos souffrances n'est perdue : vos larmes et votre sang sont une semence, *semen, sanguis* (1), il en sortira un évêque selon le cœur de Dieu ! Ah ! ici, Mes chers Confrères, je me sens ému pour vous et pour moi. Dites si le sacerdoce ne s'épanouit pas plus volontiers sur la terre arrosée du sang des martyrs. Et combien ne sommes-nous pas, dans cette assemblée même, qui devons peut-être au sang versé l'honneur de notre vocation !

Issu d'une telle famille, protégé par de tels mérites, riche des germes de sainteté que les parents vertueux transmettent d'ordinaire à leurs enfants, Guillaume va trouver une autre préparation. L'on sait combien la première éducation, au foyer domestique, laisse de traces profondes et décisives. Or, jugez quelle dut être celle de notre jeune enfant. Son père unissait à une intelligence heureuse et cultivée la plus rare piété. Dans ses dernières années, on le vit se retirer du sein de sa famille dont il avait fait pourtant un sanctuaire d'édification, et s'enfermer dans une cellule d'un pauvre presbytère, pour y perdre moins de vue la présence de Dieu et la pensée de la mort. Ce vénérable vieillard songea même, comme le père de saint Grégoire de Nazianze, à consacrer la fin de sa vie aux travaux du sacerdoce. Digne d'un tel époux, sa

-----

(1) Tert. Apolog.

mère était la providence des pauvres et leur faisait une large part de son temps et de sa fortune recouvrée. De tels parents pouvaient-ils négliger le premier des devoirs : former leurs enfants à la piété ? Les soins qu'ils prirent trouvèrent leur récompense et dans la personne de Guillaume, et dans celle de son digne frère dont je devrai aujourd'hui plus d'une fois blesser la modestie.

Arrive le temps des études classiques. A cette époque, un rayon d'espérance brillait à travers les nuages sanglants qui depuis tant d'années pesaient sur le pays. Mettant à profit les dispositions du gouvernement consulaire, M. Mongazon, de si douce mémoire, ouvrait un asile qui, de transformation en transformation, devait devenir le Petit-Séminaire de Beaupréau, asile béni, où se sont formés, sous la direction d'un maître incomparable, tant de saints prêtres et aussi tant de vaillants chrétiens. Le père de Guillaume, mû par sa piété et par la secrète inspiration de Dieu, choisit cette maison pour son fils. Vertueux maîtres, anges conducteurs de la jeunesse, ouvrez vos bras et vos cœurs à ce jeune enfant, il est destiné à devenir l'ange conducteur de l'Église d'Angers ! Comblez-le de vos soins ; il les paiera largement à votre maison et au diocèse !

Un livre plein de charmes a été publié sur le collége de Beaupréau (1). On aime à y voir poindre dans l'enfant les qualités qui distingueront plus tard le prêtre et l'évêque. Déjà se montre cette ardente activité qui sera un des caractères les plus saillants de sa vie, et avec l'activité se révèlent les dons de l'esprit, cette heureuse intelligence capable de réussir en tout. Guillaume trouvait là dans ses condisciples de classe des rivaux redoutables; et, malgré son jeune âge, il leur disputait avec succès les premières couronnes.

Envoyé à Paris, dans un collége renommé pour la piété et les études, il y cueille des palmes nouvelles. Enfin, nous le voyons au Petit-Séminaire de Chavagnes, suivre le cours de philosophie, sous la direction d'un prêtre échappé

---

(1) Notice historique, par M. Bernier.

des pontons de l'île de Ré, et qui joignait à une science profonde une foi à l'épreuve du martyre. Il conserva toujours un cher souvenir de cette Maison, surtout du vénérable supérieur, M. Baudouin, homme d'une vertu si aimable et dont le zèle a créé des œuvres si précieuses !

Nous voici au moment décisif. Il s'agit du choix d'une carrière. Les vœux de son père appelaient Guillaume au barreau pour y continuer les traditions et les services de la famille. Dieu en avait décidé autrement. Une voix secrète parlait au cœur de son élu et lui disait : Enfant, tu seras appelé prophète du Très-Haut, *et tu puer propheta Altissimi vocaberis ;* tu es destiné à marcher devant sa face pour lui préparer les voies ; *præibis ante faciem Domini parare vias ejus.* Noble mission que celle qui a pour objet de défendre la cause du droit et de sauvegarder les intérêts temporels ! Une plus noble t'est réservée, celle d'enseigner à son peuple la science du salut, *ad dandam scientiam salutis plebi ejus ;* d'éclairer ceux qui sont assis dans les ténèbres et les ombres de la mort, *illuminare his qui in tenebris et in umbrâ mortis sedent ;* de les diriger dans les sentiers de la paix ; *ad dirigendos pedes nostros in viam pacis* (1).

Fidèle à l'appel divin, Guillaume renonce à une carrière où ses talents lui promettaient des succès assurés, à un avenir que la fortune et la considération eussent fait si heureux selon le monde ; il entre au Grand-Séminaire. La Providence lui ménageait là les plus habiles maîtres de la science sacrée et les vrais modèles de la vie ecclésiastique. C'étaient alors comme aujourd'hui les fils de M. Olier, toujours dignes de l'immortel éloge du grand archevêque de Cambrai.

Avec son goût si vif pour l'étude et surtout pour la piété, il dut trouver bien courtes, bien rapides, ces années du noviciat ecclésiastique. Elles sont si heureuses ces années, toutes parfumées de sainteté, embellies des charmes de l'amitié, gui-

---

(1) Luc, I.

dées par une autorité toute paternelle ! Quel souvenir plus pur et plus doux se lève jamais dans une âme sacerdotale !

Dieu se plaisait à ébaucher de bonne heure les liens qui devaient attacher le jeune lévite à l'Eglise d'Angers. C'est à Beaupréau qu'il avait fait ses premières études ; c'est ici, dans cette cathédrale, que l'onction du sacerdoce devait couler sur son front. — Oh ! si le voile qui cachait l'avenir se fût déchiré ce jour-là aux yeux du Pontife et du jeune prêtre ! En voyant à ses pieds celui qui devait un jour porter sa houlette et gouverner avec tant de sagesse son cher troupeau, quelle joie eût inondé le cœur du saint vieillard ! Et en se voyant lui-même, vingt-sept ans plus tard, revenir à la même place pour courber les épaules sous le fardeau de l'épiscopat, quelles émotions nouvelles eussent bouleversé le jeune prêtre, frémissant déjà d'une sainte terreur sous le poids du sacerdoce !

On était à la fin de 1815. Jugez par cette date même de la pureté des motifs qui poussèrent vers le sanctuaire notre futur évêque. Sans doute, la France haletante, épuisée de sang, accablée par ses victoires, hélas ! et aussi par ses défaites, aspirait au repos ; sans doute, le retour de l'antique monarchie autorisait l'Eglise à espérer des jours meilleurs. Mais en quel état se trouvait la religion ? Est-ce que la prétendue philosophie du dix-huitième siècle était morte ? Est-ce que le scepticisme railleur qu'elle avait mis à la mode, n'avait pas jeté de profondes racines qui devaient longtemps encore porter les fruits amers de l'impiété ? Et sans parler des institutions détruites, des temples gisants sur le sol, est-ce que le clergé, bien plus que décimé par la déportation et l'échafaud, pouvait aisément faire face à tous les besoins ? — Une vie pauvre, pleine de luttes, surchargée de travaux, telle est la seule perspective qui s'ouvrît alors aux yeux de ceux qui s'enrôlaient dans la milice sainte. Honneur aux jeunes hommes qui ne reculèrent pas devant cette perspective, qu'elle attira au contraire, brûlants qu'ils étaient du désir de *relever les murs de Sion, de consoler ses ruines* (1), de sauver tant *d'âmes errantes comme des*

____

(1) Isaïe, LI.

brebis sans pasteur (1), et de faire refleurir dans leur patrie ces principes religieux qui valent mieux cent fois que les victoires sanglantes et la prospérité matérielle ! Surtout gloire à Dieu qui aime d'un amour de choix notre France, cette noble portion de l'Eglise catholique, tant louée par les souverains pontifes. Si parfois il la frappe, il n'entend pas la perdre, et quand l'Ange de la Justice passe au milieu de nous, l'Ange de la Miséricorde reçoit l'ordre de le suivre de près !

Telle fut à cette époque la conduite de Dieu. Il se suscita en grand nombre des prêtres *selon son cœur*, de ces vrais prêtres qui comprennent qu'ils doivent être à la fois, comme le divin Maître, sacrificateurs et victimes, victimes du dévouement sans bornes, du travail sans relâche. Qui de nous, Mes Frères, n'a pas connu et ne connaît pas encore de ces prêtres d'élite ; qui de nous ne s'incline pas avec respect devant ces anciens du sanctuaire, si méritants et si aimables !

Guillaume Angebault était de cette race ; il allait prendre rang dans cette phalange et bientôt devenir l'un de ses chefs.

Ici, Mes chers Frères, le doigt de Dieu va se montrer plus visiblement, et la préparation providentielle s'accentuer davantage.

Avant d'être appelé à diriger le clergé d'un diocèse dans ses travaux si multiples, il est bon d'avoir soi-même mis la main à tous les genres de travaux. Ainsi en sera-t-il pour notre évêque. Dès avant son ordination, il est appelé à professer les plus humbles classes. Destiné à tant s'occuper d'éducation et surtout d'éducation populaire, il sera à même de dire comment il faut bégayer avec les enfants. Il aura autorité aussi pour prêcher le dévouement aux maîtres, lui qui, en ce temps de pénurie, dut cumuler avec le travail aride de l'enseignement les fatigues de la surveillance. Jeune prêtre, il débute comme vicaire dans une paroisse de Nantes. Il pourra donner les conseils de l'expérience aux prêtres chargés du ministère paroissial, et leur apprendre par quels moyens l'on édifie

---

(1) I Petr., ii.

et l'on gagne les cœurs, lui dont le souvenir vit encore, après tant d'années, dans le respect et l'affection des vieillards qui eurent les prémices de son zèle.

Mais le mérite du jeune prêtre a percé. La Providence lui ouvre une nouvelle carrière où elle le retiendra pendant vingt-cinq ans pour achever sa préparation à la meilleure école.

Il est une science sans attraits par elle-même, portant sur des questions souvent obscures et arides; science étendue, embrassant les objets les plus divers, les intérêts matériels et spirituels de l'Eglise; infiniment délicate, chargée qu'elle est de discerner les aptitudes, de distribuer les fonctions, de créer les œuvres générales, de réformer les abus, de stimuler le zèle; délicate aussi en ce qu'elle touche sans cesse aux rapports de l'autorité civile et de l'autorité ecclésiastique; science particulièrement difficile pendant le demi-siècle qui vient de s'écouler. La Révolution ayant fait à l'Eglise une position nouvelle, les règles anciennes ont dû être modifiées, et l'on sait tout ce que rencontre d'obstacles le fonctionnement d'une organisation qui s'essaie. Vous avez nommé la science de l'administration diocésaine. Au peu que j'en ai dit, on juge des qualités qu'elle exige pour y exceller : il y faut un travail assidu, un coup d'œil sûr, une grande sagesse avec beaucoup d'initiative, et avec de la fermeté une modération qui ne se dément jamais. Il convient d'ajouter qu'elle est indispensable et que d'elle dépend à peu près tout le reste. Quand elle préside au gouvernement d'une Eglise, tout prospère; quand elle fait défaut, tout languit. Ni l'éloquence, ni la piété elle-même n'y suppléent; notre siècle s'est chargé d'en donner plus d'une preuve.

Cette science devait être un des côtés saillants de notre évêque. Par elle, il était destiné à rendre à l'Eglise d'Angers les plus grands services. Aussi voyez comme Dieu l'y avait initié. A une rare aptitude naturelle, il joignit deux conditions qui ne pouvaient manquer de la développer et de la mûrir : les leçons d'un évêque éminent sous ce rapport, Mgr de Guérines, et puis un long exercice : pendant un quart de siècle, Mgr Angebault investi de toute la confiance des évêques successifs, honoré des plus hauts titres, prit une part active à tout ce qui se fit dans le diocèse de Nantes; il y mit l'ardeur de sa nature, les lumières de son esprit, l'énergie bretonne de sa volonté.

Mais les travaux de l'administration vont-ils l'absorber tout entier? S'il en était ainsi, j'apporterais une restriction à mes éloges. Un vrai prêtre éprouve l'impérieux besoin de se mettre en contact avec les âmes; besoin pour lui-même, parce que les soucis et les aridités d'un travail purement administratif diminueraient en lui cette grande lumière du ciel qui doit y briller avec éclat, tariraient la piété qui doit y jaillir comme une source inépuisable; besoin pour les autres, parce que *la charité de J.-C. le presse* (1), et qu'il brûle du désir de faire connaître et aimer cet adorable Maître, ce qui est tout le but du sacerdoce et de l'épiscopat, but sacré auquel tout le reste se rapporte comme moyen.

Mais ne craignez pas; son étonnante activité saura suffire à tout. Il s'enferme au saint tribunal et il guide des âmes nombreuses dans le chemin de la vraie piété. Il paraît dans la chaire sacrée, et il prêche avec un succès dont la ville de Nantes n'a point perdu le souvenir. Il se fait en particulier l'apôtre d'une réunion de jeunes hommes qui s'associent pour le bien, comme tant d'autres se liguent pour le mal. Chaque semaine, il prend la parole au milieu d'eux, fortifie leur foi en l'éclairant et en la dégageant, au nom de la science vraie, des nuages dont une science menteuse cherche éternellement à l'obscurcir. Là encore Dieu le préparait d'une manière frappante. Cette nature si bien douée pour la parole acquérait cette élocution facile, charmante, pleine d'à-propos, tant de fois admirée en lui, et qui est, chez un évêque, un si précieux avantage. Ce ministère auprès des jeunes hommes lui fut particulièrement cher, et combien il gémit lorsque *la Congrégation,* comme on l'appelait, dut se dissoudre sous la pression

---

(1) II_Cor., v.

d'une opinion faussée par la calomnie ! C'était un foyer d'intrigues politiques ; il fallait au plus tôt l'éteindre ; le pays périclitait !

J'arrive à deux belles créations dues au zèle intelligent de Mgr Angebault. L'une d'elles surtout tient une large place dans sa vie et fut une des grandes préparations à son épiscopat.

Tout homme, Mes Frères, qui aime le bien de la société et de l'Eglise — ce qui est une même chose — doit attacher le plus haut prix à l'éducation chrétienne. Un esprit sensé ne peut s'y méprendre : l'avenir appartient à ceux qui dirigeront l'éducation. La société penchera de plus en plus vers les abimes, si l'éducation chrétienne lui fait défaut ; elle ne remontera dans la vraie lumière, dans la vraie vertu, c'est-à-dire dans la paix, qu'à la condition de s'appuyer sur elle. Vérité si claire que je n'oserais faire un mérite de l'avoir comprise. Le mérite (mérite trop rare de la part des gens de bien, moins zélés en tout que ne le sont les hommes du mal), c'est de mettre la main à l'œuvre, c'est de consacrer à cet intérêt capital son influence, son activité, sa fortune. Ce fut celui de Mgr Angebault.

Il créa Saint-Stanislas pour l'éducation des jeunes enfants appartenant aux familles aisées, Saint-Stanislas qu'il légua généreusement, en venant parmi nous, au diocèse de Nantes. Surtout, Mes Frères, il créa, l'expression n'est que juste, la congrégation de Saint-Gildas, pour l'éducation des jeunes filles dans les campagnes. Ici, j'aurais trop à dire. En quel état de détresse il trouva cette maison, qui ne comptait qu'un petit nombre de religieuses peu instruites, grevées de dettes, sur le point presque de se disperser ; ce qu'il y dépensa de ses biens et de son temps ; comment il se multiplia pour enseigner luimême les plus humbles éléments, dresser des méthodes, composer des livres à l'usage des maîtresses et des enfants ; jusqu'à quel point il excita le zèle et éleva le niveau des études ; quelle sagesse, quelle entente de la vie religieuse se révèlent dans les règles qu'il traça, ce serait un récit infini. Bornons-nous à constater qu'aujourd'hui cette congrégation, mourante lorsqu'elle fut confiée à des mains si expérimentées, est pleine de vie et compte près de huit cents religieuses qui distribuent l'éducation chrétienne avec un succès incontesté. A cette maison visiblement bénie de Dieu, Mgr Angebault conserva toujours le plus tendre intérêt. Il a mis le comble à ses bienfaits pour elle en lui léguant son cœur. Si notre piété filiale a le droit d'être jalouse, elle peut du moins être sans crainte : de justes hommages entoureront là, à jamais, le cœur de notre Père !

Tant de travaux et de succès, un mérite si éclatant, avaient fait à Mgr Angebault une réputation qui dépassait au loin les limites du diocèse de Nantes. La voix publique le désignait depuis longtemps pour l'Episcopat. Le gouvernement eut la sagesse de s'inspirer de cette opinion qui ne se trompe guère quand elle est aussi unanime. Il le nomma Evêque.

Cette nomination fit éclater la joie de toutes parts. Je me trompe. L'Eglise de Nantes, si fière qu'elle fût de l'élévation d'un de ses fils, comprenait trop ce qu'elle perdait : à sa joie se mêlèrent les plus vifs regrets. Mais une âme surtout se sentit bouleversée, c'était celle de l'évêque désigné ! Ainsi, Mes Frères, tremblent les saints Pontifes, ceux que Dieu a vraiment élus, et c'est là un des signes de l'élection d'en haut. La preuve des hésitations et des répugnances de Mgr Angebault est partout. Lui-même l'a consignée dans une note qui ne remonte qu'à quelques mois avant sa mort, et qu'un heureux hasard a fait découvrir. Je cite ces quelques mots, moins, Mes Frères, pour établir ses craintes que pour nous procurer le bonheur, à vous d'entendre, à moi de prononcer ces paroles où règne un accent si vrai de sincérité et d'humilité.

« Cédant aux sollicitations du Nonce de Sa Sainteté et aux
» avis de ceux que je devais regarder comme les organes de
» la volonté de Dieu, j'ai accepté, après bien des hésitations,
» la terrible charge de l'Episcopat. Ce sacrifice a été le plus
» pénible de tous ceux que l'obéissance m'ait jamais imposés,

» et il m'a fait répandre bien des larmes au moment de ma
» nomination et depuis (1). »

O Père, faites taire les scrupules de votre modestie ! Rejeton issu d'une tige sainte, préparé par une éducation si chrétienne, visiblement conduit de Dieu à l'Episcopat, venez. Votre piété, vos talents, votre dévouement, sont un gage de l'appel divin et de tout le bien que vous nous ferez. L'Eglise d'Angers qui vous tend les bras est un peuple qui rivalise de foi avec celui que vous quitterez; une terre où vos sueurs produiront de riches moissons. Sans doute vous aurez à souffrir, mais ces souffrances ne seront pas sans consolations. Les Saints Evêques, vos prédécesseurs, se lèveront de leurs tombes pour accueillir l'héritier de leur zèle, et nous, nous vous entourerons de notre amour et de notre respect dans votre vie et dans votre mort.

Il est venu, Mes Frères, et j'ai à dire maintenant ce qu'il a fait parmi nous.

II.

Mon texte me conduit naturellement, et je ne m'en plains pas, à montrer comment Dieu nous traite en peuple préféré, en *héritage cher à son cœur, pascere hæreditatem suam.*

Parcourez les pays vantés pour la fertilité du sol et la beauté des sites. Au retour, en revoyant l'Anjou arrosé de toutes parts, comme au temps d'Abraham la contrée qui entourait le Jourdain, *universa irrigabatur*, sillonné dans toute sa longueur par son grand fleuve aux splendides rivages; avec ses campagnes où s'étalent réunies ces riches productions que l'on trouve ailleurs sans doute, mais le plus souvent divisées, et qui en font *comme le jardin du Seigneur, sicut Paradisus*

---

(1) Nous reproduisons, à la suite de l'Oraison funèbre, quelques notes du même genre. Rien ne peint mieux la belle âme de Mgr Angebault.

* *

Domini (1) ; avec ses habitants aux mœurs si douces et d'un si facile commerce, dites si la bonne Providence n'a pas placé notre berceau dans une région privilégiée. Mais ces dons ne sont, à notre égard, que les moindres bienfaits de Dieu. La foi trop souvent voilée en d'autres pays, brille encore parmi nous d'un vif éclat et sa douce chaleur y fait mûrir d'abondantes moissons de vertus et de bonnes œuvres. Enfin, Mes Frères, Dieu se complaît à nous accorder ce qu'il met au premier rang de ses grandes miséricordes, *des Pasteurs selon son cœur* (2). Étudions sa conduite sur nous depuis le commencement de ce siècle. Voici d'abord un Pontife dont la mémoire demeure *comme une composition de parfum exquis* (3), admirablement propre par sa piété, son amabilité et son zèle, à réconcilier les esprits, à relever les ruines. Voici, pour continuer son œuvre, un autre Pontife qui nous sera seulement montré, mais qui en quelques mois aura autorisé les plus belles espérances. Heureuse succession ! Elle ne sera pas interrompue. C'était un pasteur digne de ses glorieux devanciers qui était sacré le 10 août 1842. O Église d'Angers ! tu es vraiment un héritage béni de Dieu, *pascere hæreditatem suam !*

La consécration épiscopale n'est pas un vain spectacle destiné à charmer les yeux ni même seulement à imprimer un juste respect. La plénitude du sacerdoce y est conférée au Pontife avec une plénitude de grâces. Il s'y opère, en outre, une alliance sainte entre lui et l'Église confiée à ses soins, alliance dont l'anneau épiscopal est le signe et dont le lien est si fort que, seul, le Vicaire de J.-C. a le pouvoir de le rompre ; alliance cimentée en quelque sorte dans le cœur de l'Époux par l'infusion d'un ardent amour.

Car, Mes Frères, ce n'est pas seulement la nature qui produit l'amour. La grâce est autrement puissante, et elle enfante, en ce genre, de plus étonnantes merveilles. Le jour où l'Évêque est sacré, il sent courir en lui une flamme nouvelle.

---

(1) Genèse, XXIII.
(2) Jérémie, III.
(3) Eccli., XLIX.

A l'exemple de J.-C., Époux de l'Église universelle, il aime son Église, *sicut et Christus dilexit Ecclesiam ;* il est prêt à se livrer pour elle, même à la mort, *tradidit semetipsum pro eá,* afin de la sanctifier, *mundans eam,* et pour qu'elle apparaisse à ses yeux pleine de gloire, *ut exhiberet ipse sibi Ecclesiam gloriosam,* n'ayant ni taches ni rides, mais sainte et irrépréhensible, *non habentem maculam aut rugam, sed ut sit sancta et immaculata* (1).

Il convenait d'insister sur l'effet de cette alliance. Là est la clef de tant de vies épiscopales et en particulier de celle du nouvel Évêque.

Il a aimé son Église : voilà le secret de ce zèle infatigable d'où nous allons voir sortir tant de travaux bénis : tableau immense dont je ne pourrai esquisser que les grands traits.

La gloire la plus incontestable de M⁹ʳ Angebault, considéré dans ses œuvres, est d'avoir été un administrateur sage, habile, et j'oserai dire éminent. Le Saint-Esprit *partage ses dons comme il lui plaît* (2) ; *il fait les uns apôtres, les autres évangélistes, ceux-ci docteurs, ceux-là pasteurs* (3). Le don particulier accordé à notre vénérable Évêque, c'est la sagesse et le zèle dans l'administration, *in intellectibus manuum suarum deduxit eos.* Voyons-le déployer ces qualités dans la double sphère des intérêts matériels et spirituels.

L'Église a pour mission de sauver les âmes. Est-ce à dire qu'elle doive demeurer totalement étrangère aux choses de ce monde, ne rien posséder de ses biens périssables ? Vieille erreur cent fois foudroyée et de nos jours encore condamnée par tous les Évêques réunis à leur Chef suprême et par tous les vrais chrétiens qui parlent si haut et agissent si vaillamment pour conserver au moins les lambeaux du Principat temporel que les siècles avaient fait au Vicaire de J.-C. — Erreur jugée aussi par le simple bon sens ; car, Mes Frères, voyageuse

---

(1) Eph., v.
(2) 1 Cor., xii.
(3) Eph., iv.

dans le temps, agissant à l'aide des hommes et sur des hommes qui sont à la fois des âmes et des corps, l'Église, pour remplir sa mission céleste, a manifestement besoin de moyens matériels. Il lui faut recruter ses ministres et pourvoir à leur existence ; il lui faut des temples pour ses assemblées, des autels pour son sacrifice, des ornements pour ses prêtres. Il lui faut des cérémonies pour frapper les sens des fidèles et par là les élever jusqu'à la vérité. Est-ce que tout cela n'est pas indispensable ? Et quel mal y aurait-il, je ne dis pas si le prêtre possédait comme autrefois des richesses considérables, ah ! le plus souvent il est pauvre, mais quel que soit son dénuement, il s'en consolerait s'il pouvait soulager plus efficacement tant de misères dont il est le témoin et le confident ; quel mal y aurait-il, si les temples du Dieu vivant étaient plus splendides et plus pompeuses les cérémonies de son culte ; si l'on consacrait à sa gloire un peu plus de cet or que l'on tient de lui et que l'on jette trop souvent avec une prodigalité folle au démon du luxe et de la sensualité ?

Lorsque Mgr Angebault vint en ce diocèse, il ne pouvait être question que du nécessaire. Comme les autres Églises de France, l'Église d'Angers avait été dépouillée de ses biens ; plus que d'autres, elle avait vu ses temples dévorés par les flammes. Il est vrai, l'administration si sage de Mgr Montault avait relevé bien des ruines. Mais le mal se fait vite et ne se répare jamais que lentement.

Avec quelle ardeur le nouvel Évêque se livra à cette tâche ! Comme cette plume si rapide et si sûre d'elle-même se multipliait, stimulant le zèle, traçant des règles, éclaircissant les questions douteuses, et, quand il le fallait, luttant énergiquement pour défendre les droits menacés ! Et quelle persévérance n'y mit-il pas ? Pendant vingt-sept ans, ce furent les mêmes soins et les mêmes travaux. Quant à la science qu'il déploya, elle n'a pas besoin de nos éloges. Grâce à un esprit pénétrant, à de continuelles études, il avait acquis une connaissance parfaite de la législation qui régit les intérêts temporels de l'Église. En ce point, nul ne le surpassait :

c'est un hommage que les juges compétents se plaisent unanimement à lui rendre.

Or, de ces travaux, quels ont été les résultats? Ah! ils frappent tous les yeux. Là où des églises trop exiguës, tombant de vétusté, indignes en tout de leur sainte destination, attristaient les regards, s'élèvent des églises nouvelles, dont la beauté magnifique quelquefois, plus souvent modeste, est partout l'orgueil des populations. S. Grégoire, dans l'oraison funèbre de son père, mort évêque de Nazianze, lui fait un titre de gloire d'avoir enrichi d'un beau temple sa ville épiscopale (1). Quel éloge n'est pas dû à notre vénérable Évêque ! On l'a dit avant moi et mieux que moi : L'historien qui écrira nos annales ecclésiastiques, arrivé à cet épiscopat, s'étonnera de voir *plus de deux cents églises* sortir de terre ou se transformer, et s'emparant des expressions pittoresques du moine de Cluny, il montrera l'Anjou *se dépouillant de ses vieux habillements pour revêtir partout un blanc vêtement d'églises.* Afin de rendre justice à chacun, il fera une large part au zèle du clergé, au concours du Pouvoir, et aux libéralités des pieux fidèles, mais la plus belle sera celle du Pontife.

Si ces églises sont pourvues du nécessaire, et quelques-unes richement décorées : si les cérémonies saintes peuvent se faire toujours avec décence et parfois se déployer avec éclat, c'est encore le résultat des ressources créées ou de l'impulsion donnée par lui.

Et combien d'autres fruits heureux de ses travaux !

Chers Confrères, lorsque la vieillesse ou de précoces infirmités viendront nous condamner au repos, nous aurons du moins ce que demande l'Apôtre S. Paul, *la nourriture et le vêtement* (2). Nous bénissons cette œuvre que tant d'autres diocèses nous envient. Or, nous savons que si elle a été ébauchée par Mgr Montault, c'est notre dernier évêque qui l'a posée sur de plus larges bases ; nous savons que la prospérité

---

(1) *Or. 18.*
(2) I Tim., VI.

de cette institution était, dans son amour pour nous, une de ses plus grandes joies.

Quelle reconnaissance ne lui doivent pas à leur tour les Etablissements diocésains! Combrée tombait presque en ruines ; il s'est relevé dans des proportions magnifiques. Beaupreau a grandi en recouvrant sa vieille enceinte riche de tant de chers souvenirs. Mongazon a vu croître sous son ombre un rejeton plein de sève, Saint-Urbain, qui se partage avec lui les noms d'un homme à jamais béni. Et dans ces Maisons se presse tout un peuple d'élèves, vive jeunesse, ardente aux luttes de l'intelligence, éprise des charmes de la piété. C'est qu'une main habile et un œil vigilant étaient là ! C'est que le premier Pasteur donnait lui-même l'exemple de la générosité, et puis faisait appel à la charité inépuisable des Fidèles ; c'est enfin que les ressources, quoique modestes, étaient fécondées par les soins infinis d'une sage administration.

Ajoutons que les Congrégations religieuses si chères à son cœur ont largement profité de son expérience, et que ses conseils les ont puissamment aidées à faire succéder des jours meilleurs à une détresse qui paralysait leur action bienfaisante.

J'ai parlé de luttes. Oui, il dut en soutenir plus d'une fois sur le terrain des intérêts temporels et sur celui des intérêts spirituels. C'était l'homme de la conciliation et de la paix. Une voix éloquente et autorisée lui a rendu ce témoignage dans une circonstance mémorable, au milieu d'unanimes applaudissements (1). Et cependant il dut lutter. Ainsi le veut la nature humaine, qui ne se dépouille jamais de ses ignorances ni de ses passions. Ainsi le veut le malheur des temps. Pourquoi faut-il que l'on redoute à ce point l'influence de l'Eglise ? On a peur de son enseignement, peur que les libéralités des Fidèles ne passent par ses mains. On tend à séculariser l'instruction et la charité. Est-ce donc du côté de l'Eglise que viennent les grands périls, que se lèvent ces nuages formidables qui montent à l'horizon et tiennent le monde en émoi ?

---

(1) M. Segris, député, à l'occasion de la *Cinquantaine* de Monseigneur.

Comment ne voit-on pas que repousser ou restreindre son action, c'est faire alliance avec l'ennemi, ou, du moins, lui aisser le champ plus libre pour battre en brèche les murs déjà tremblants de la société? Ah! imitons notre sage Evêque, appelons le jour où l'on comprendra mieux ses bienfaits. Non pas que l'Eglise consente à identifier sa cause avec celle de la politique ; non pas , surtout , qu'elle souffre d'être rabaissée aux proportions d'un instrument vulgaire de gouvernement. Laissez-la simplement exercer son ministère , sans l'entraver , sans lui ôter ses légitimes moyens d'action. Dépositaire de la vérité, elle refera les idées. Elle redonnera notamment aux peuples la notion juste de l'autorité et de la liberté ; de l'autorité que l'on confond presque toujours avec le despotisme, de la liberté que l'on confond presque toujours avec la licence. Dépositaire de la grâce, elle refera les mœurs sans lesquelles les meilleures lois ne sont que de frêles barrières.

En attendant, Mes Frères , la lutte est trop souvent un devoir pour un évêque. Mgr Angebault ne recula point devant ce devoir si pénible. Sa conscience le lui défendait. Surtout quand les principes engagés dans les conflits avaient une plus grande portée , il y mettait une fermeté inflexible. Toutefois, nul ne me démentira si j'affirme que son ardeur savait toujours se contenir, que jamais le zèle de la justice ne l'entraîna à blesser la charité et qu'à personne il ne donna lieu de lui reprocher l'oubli des égards. Ajoutons qu'il appartenait au nombre trop petit de ceux qui sont pleins de respect pour l'autorité, et, en dehors de toute préoccupation personnelle et jalouse , gémissent sur le discrédit où elle est tombée comme sur l'une des plus tristes plaies de notre époque.

Elevons maintenant nos regards ; il faut suivre notre vénérable Évêque dans la sphère plus haute de l'administrationspirituelle. Là encore nous le verrons déployer une intelligente activité : *in intellectibus manuum suarum deduxit eos.*

Que pourrait faire un évêque , surtout dans ces vastes diocèses de notre France, s'il n'était secondé par un digne clergé?

Le recruter, le former, veiller à ce qu'il joigne la piété à la science, l'édification au zèle, tel doit être le principal soin d'un premier Pasteur. Le nôtre l'avait bien compris. Ah ! ce n'est pas sans attendrissement que ma pensée s'arrête sur la sollicitude qu'il a montrée pour ses petits séminaires. Maîtres honorés de sa confiance et chargés de la tâche délicate de préparer les enfants, espérance du sanctuaire ; et vous, chers enfants, que nous aimons plus tendrement encore à cause de l'affection qu'il vous portait lui-même, joignez-vous à moi et proclamons ensemble combien il se plaisait dans nos maisons ; comme il s'y intéressait à tout, comme son cœur se dilatait quand il se voyait entouré de ces visages riants et ouverts où se peignait l'affection filiale, comme il bégayait avec les plus petits et stimulait le zèle de tous. — Pour achever la tâche ébauchée par nos mains, il pouvait se reposer en toute sécurité sur les sages directeurs de Saint-Sulpice. Mais il se faisait un devoir d'aller fréquemment encourager les jeunes lévites à profiter des leçons et des exemples de leurs dignes maîtres. Vénérable vieillard, combien nous étions touchés, lorsqu'au sortir de ces longues cérémonies où vous nous aviez consacrés, oubliant votre âge et vos fatigues, vous ne manquiez jamais de nous adresser vos avis paternels et les conseils de votre expérience, essayant en même temps de faire passer dans nos âmes le feu sacré qui vous embrasait !

Il faudrait redire encore toutes les saintes industries maintenues ou créées par son zèle pour élever le niveau de la science sacrée ou raviver la piété ; ces retraites où il donnait l'exemple de la régularité et de la ferveur ; ces examens qu'il présidait lui-même ; ces conférences qui ont été dans le passé une des gloires du diocèse d'Angers ; ces synodes, enfin, où nous nous retrempions dans l'amour des règles ecclésiastiques.

Il serait peu séant de nous louer nous-mêmes en disant que nous avons répondu à tant de soins. Mais ce qu'il est permis de constater, c'est que nos rangs se sont largement recrutés, bien que le souffle évangélique ait emporté du milieu de nous des nuées de jeunes prêtres : missionnaires disséminés sur toutes les plages lointaines , membres de ces ordres religieux qui sèment en notre pays la parole de vie, se livrent aux études profondes ou embaument les solitudes de la Chartreuse et de La Trappe.

Prêcher l'Evangile qui sera éternellement et dans tous les sens *la bonne nouvelle* , autre devoir impérieux d'un premier Pasteur. Avec quelle force l'exemple et l'enseignement des Apôtres en pressent l'accomplissement. Pourquoi? En voici la raison profonde. C'est la Parole qui a converti le monde , comme c'est elle qui l'a créé ; en elle, par conséquent, réside la vertu de le maintenir dans la foi. — Et par là même, une des causes de l'affaiblissement de la foi , n'est-ce point que trop souvent les chrétiens se dispensent d'entendre la parole sainte ?

Mgr Angebault était profondément pénétré de l'importance de prêcher sans cesse et partout l'Evangile. Que de fois sa voix s'est fait entendre, et que d'instructions pastorales sont sorties de sa plume féconde ! Incontestablement, d'autres évêques ont déployé plus d'éloquence , ou montré un talent d'écrire plus parfait. Peu ont reçu au même degré le don d'une parole facile , souple , toujours prête. Peu ont traité dans leurs Mandements des sujets plus pratiques, et si l'on ne trouve pas dans les siens la même profondeur de doctrine, ni le même fini du style, ce qui demande beaucoup de ce temps dont il était avare pour faire face à tout , on y rencontre toujours avec le sens vrai des hommes et des choses , une foi ardente, une tendre piété.

Si l'évêque a l'obligation de prêcher par lui-même , il doit aussi, il doit surtout le faire par ses auxiliaires. Sans cesse Mgr Angebault inculquait aux pasteurs la nécessité de la prédication, traçait la marche à suivre, signalait les défauts à éviter. Pour les seconder dans le ministère de la parole, on le vit fonder cette société de Missionnaires diocésains, qui déployèrent tant de zèle jusqu'au jour où les Ordres religieux purent suffire à tous les besoins. Et vous , enfants de saint Ignace, de saint Vincent, de saint François, Oblats de Marie, Prêtres du Saint-Sacrement, Missionnaires de Chavagnes, vaillantes phalanges, qui rivalisez d'ardeur apostolique, ne trouviez-vous pas dans son cœur un puissant encouragement et une douce récompense de vos travaux?

D'autres auxiliaires dans la tâche d'instruire, ce sont les écoles chrétiennes, ce sont les Congrégations qui, dans le sein des villes, au milieu des campagnes, en enseignant les éléments de la science profane, s'appliquent à enseigner la plus indispensable des sciences et à faire pénétrer dans les jeunes âmes la connaissance et l'amour de Jésus-Christ. De nos jours, où l'on attache à l'instruction une importance souvent exagérée, comme si elle était le plus efficace moyen de moraliser le peuple (une de ces utopies qui veulent se passer du surnaturel), le monde lui-même ne peut refuser d'applaudir, de mêler ses éloges aux éloges meilleurs de la religion. Quel autre diocèse compte des congrégations vouées à l'enseignement, plus nombreuses, plus florissantes, et offrant plus de garanties de capacité? Et pour ne parler que de celles qui sont sous nos yeux, voyez si elles n'entourent pas la ville épiscopale comme d'une ceinture d'honneur.

Voudrais-je attribuer à Mᵍʳ Angebault la gloire de les avoir créées? Toutes étaient fondées avant son épiscopat. Mais interrogez-les, et elles se lèveront toutes pour dire combien elles lui sont redevables. Le supérieur de Saint-Gildas, l'auteur des *Lettres spirituelles,* livre *où il se révèle aussi fin moraliste que directeur sûr et habile dans les voies de la perfection* (1), se trouvait là sur un terrain qu'il connaissait à merveille ; il y prodiguait ses soins, certain d'y voir germer de riches moissons. La reconnaissance devait en même temps s'y épanouir. Ici mes paroles trouvent écho en des cœurs sensibles où la mort d'un tel Père a ouvert des blessures qui saigneront longtemps !

Interrogez également ces autres communautés saintes, asiles d'innocence, de pénitence chrétienne et de dévouement, où des vierges, non moins admirables, frayent la voie à Jésus-Christ dans les âmes par la prière, par les mérites d'une vie

____

(1) Mandement de MM. les Vicaires capitulaires.

mortifiée, par les merveilles de la charité. A travers leurs larmes, elles tiendront le même langage de la reconnaissance.

Ce serait le lieu de tracer le tableau de tant d'autres œuvres destinées les unes à vivifier la piété dans le diocèse, les autres à préserver les mœurs et la foi de la jeunesse. Pressé par le temps, j'indiquerai du moins l'*Adoration perpétuelle*. Cette institution, la plus excellente que puisse méditer le cœur d'un évêque, eut ses préludes. Dans l'enceinte même du palais épiscopal, des hommes d'élite venaient, comme ils viennent encore, se délasser de leurs rudes labeurs, en passant, devant le Dieu de l'Eucharistie, les longues heures de la nuit, et, pendant le jour, de pieuses femmes relevaient, si je l'ose dire, cette garde d'honneur. Rien de plus édifiant que ces réunions ; ceux qui les ont vues en gardent un souvenir qui ne s'efface pas. Après de tels essais, on pouvait oser. L'*Adoration perpétuelle* fut étendue à tout le diocèse. On sait avec quel élan elle fut accueillie, les merveilles de grâce qu'elle enfanta et qu'elle produit encore : succès qui eut son retentissement au loin, ébranla d'autres diocèses et les décida à nous imiter. Ayons confiance ; si grand que soit le mal, il a son contrepoids dans la balance de la Justice divine ! — Mentionnons aussi l'œuvre de *Notre-Dame-des-Champs*, qui répond si bien à l'un des plus grands besoins de l'époque. Les jeunes ouvriers membres de cette association, ne méconnaissent ni l'affection que leur portait le charitable Evêque, ni les sacrifices d'argent qu'il s'est imposés pour eux, et ils aiment à le mettre au premier rang de leurs plus insignes bienfaiteurs.

Mais un premier pasteur n'aurait pas rempli ses obligations s'il se renfermait dans sa ville épiscopale, et se bornait pour le reste du diocèse à prescrire de loin, à exciter le zèle à distance. Son titre d'évêque qui signifie *surveillant*, lui enseigne qu'il doit tout voir par lui-même. La grâce attachée à son ministère, le besoin qu'éprouve un bon pasteur de *connaître toutes ses brebis et d'être connu d'elles*, lui créent, aussi bien que les règles canoniques, la nécessité de visiter tout le bercail. Dans ces courses pastorales, notre évêque semait tous les trésors de son zèle et de son affection. Il s'y montrait le tendre ami de ses prêtres, prenait part à leurs peines et à leurs joies. Il adressait aux fidèles des avis toujours variés selon la diversité de leurs dispositions, calmait les dissentiments, cimentait l'union, encourageait le bien. Les petits enfants voyaient en lui l'image de Jésus, prodiguant au jeune âge ses plus tendres caresses. Comme il tenait à ces visites pourtant si laborieuses ! A ceux qui auraient voulu, dans ses dernières années, modérer une ardeur trahie par les faiblesses de l'âge, cette âme vaillante répondait : *Non, et si le temps de notre mort est arrivé, mourons courageusement pour nos frères* (1). Il est juste de le dire : la foi des populations lui adoucissait les fatigues ; elle changeait ses visites en marches triomphales ! Et lui s'en réjouissait, non pas pour lui-même, mais pour Dieu à qui se rapportaient ces hommages et à cause des sentiments religieux dont ils étaient l'éclatante expression.

Appliquons-lui maintenant l'éloge donné à saint Basile par son illustre ami (2). Montrons-le, joignant à sa sollicitude pour son Eglise l'amour et le zèle pour l'Eglise universelle. Afin d'étendre ses pacifiques conquêtes, il favorisa autant qu'il était en lui les œuvres de la *Sainte-Enfance* et de la *Propagation de la Foi;* il consentit à se priver des services d'une multitude de prêtres désireux de se consacrer aux missions lointaines. Nul ne témoigna plus de tendre affection envers le Souverain Pontife en qui se personnifie, comme on l'a dit si justement, l'Eglise tout entière (3). Témoin la douleur qui déborda de son âme, lorsque la révolution chassa l'auguste Pie IX et le força à prendre le chemin de l'exil. Témoin la joie qu'il ressentit et qui fut la plus grande de ses consolations, lorsqu'il lui fut donné, à deux reprises, de voir le Vicaire de Jésus-Christ, de déposer à ses pieds l'hommage de sa vénération. Lui-même a redit cent fois les scènes touchantes qui se pas-

---

(1) I Mach., IX.
(2) Grég. Naz.. *Or. 43*
(3) Mandement de MM. les Vicaires capitulaires.

sèrent entre les deux nobles vieillards. Et nous, nous étions fiers de ces marques d'honneur prodiguées à notre Évêque.

Son amour ne se borna pas à·être tendre et expansif, il se montra résolu, dévoué, généreux (1).

Lorsque l'Italie donna au monde qui n'a pas besoin, à l'heure qu'il est surtout, de tels scandales, le spectacle de la plus odieuse spoliation, *lui toujours si modéré* (2), dédaigna tous les calculs d'une vaine prudence. Sous l'inspiration d'un cœur vraiment épiscopal, il monta dans cette chaire et le premier, en France, ressuscita l'œuvre antique du *Denier de Saint-Pierre*. Unissant l'exemple à la leçon, il contribua largement à l'aumône sainte. Plus tard, il bénissait avec effusion et encourageait dans son dévouement un jeune officier plein d'avenir, qui allait offrir au Pontife son épée et son sang, et ce vaillant jeune homme était son neveu (3) !— L'histoire, Mes Frères, dira le zèle de la France pour défendre le principat temporel ; elle dira comment la fille aînée de l'Eglise prodigua son or et le sang de ses plus nobles enfants, et dans cette page glorieuse une place d'honneur sera réservée à l'Anjou et à son Évêque.

A l'amour pour l'Église, se joignait en son cœur la soumission la plus absolue. Le mouvement qui emporte de plus en plus vers Rome lui paraissait, comme à tout esprit sensé, salutaire et providentiel. Il y applaudissait du fond de l'âme, tout en regrettant certaines exagérations que Rome est la première à blâmer et qui tendraient à diminuer les Évêques sous prétexte de grandir le Souverain Pontife. Dès que Pie IX se fut prononcé, il s'empressa d'adopter la Liturgie de l'Église mère et maîtresse. Sur son lit de mort, n'a-t-il pas dicté la lettre si touchante que vous connaissez, testament de son amour et de sa docilité ? Et le plus vif regret qu'il ait emporté dans sa tombe, n'est-ce pas de n'avoir point vu les jours du Concile ? Il eût été si heureux de prêcher, de parole et d'exemple, la soumis-

---

(1) Greg. Naz., *loc. cit.*
(2) Ibid.
(3) M. Georges du Rostn.

sion aux décrets qui émaneront de cette grande Assemblée ; il en espérait des effets si salutaires non-seulement pour l'Église, mais aussi pour la société civile elle-même, étourdie et chancelante, parce qu'elle s'est enivrée du vin de toutes les erreurs !

Je me sens accablé en ce moment sous le poids de mon insuffisance. Ah ! je n'ai point tracé un tableau assez complet ni assez vivant des œuvres accomplies par *les mains intelligentes* de notre vénérable Evêque, *in intellectibus manuum suarum deduxit eos.* J'ai besoin d'y suppléer en invoquant des témoignages qui en disent plus que toutes mes paroles. Témoignage des étrangers eux-mêmes, qui nous félicitaient de posséder un tel Pontife. Témoignage de l'éminent Métropolitain, gravé dans toutes les mémoires. Témoignage enfin du Représentant de Pie IX, à Paris, lequel proclamait notre Évêque *le type accompli du véritable Évêque* (1).

Enfin, je puis me tourner vers un objet qui depuis long-temps me sollicite et me charme, à l'égal, au moins, des plus belles œuvres, je veux dire l'âme de notre saint Évêque. Ah ! s'il m'était donné de vous la montrer telle que je la vois, telle que je l'ai connue, dans une intimité qui est l'honneur de ma vie, je ferais passer en vous l'émotion qui m'agite, je poserais sous vos yeux un modèle qui susciterait toutes les ardeurs de l'émulation !

Cette âme était d'une innocence admirable : *Pavit eos in innocentiâ cordis sui.* Quelle faute saillante et volontaire en a jamais terni la limpidité ? On se le demande quand on l'a vue de près. Aussi nul de nous ne fut surpris, lorsque, averti que sa mort était proche, l'auguste malade nous disait avec une simplicité touchante (laissez-moi rapporter ces paroles toutes familières) : « S'il en est ainsi, je vais demander mon confes- » seur ; pourtant je me suis confessé il y a deux jours, et je n'ai rien pu trouver ! »

Cette âme, elle était esclave du devoir ; elle ne savait rien

---

(1) Paroles de Mgr Chigi, Nonce de Sa Sainteté.

lui refuser. Quelle vie que celle d'un Évêque dont chacun, si je l'ose dire, s'arrache les lambeaux ! Et presque toujours quel travail aride ou écrasant ! Dites cependant s'il cherchait à se soustraire à ces fatigues ou à ces importunités ; si même son visage laissait percer l'ennui ? Cette fidélité au devoir jointe à la modestie explique sa conduite si honorable et si soigneusement ensevelie dans le secret, en deux graves circonstances. A une époque où le cœur de notre Évêque avait connu l'amertume (quel Pasteur n'est jamais en butte aux contradictions, même au milieu du troupeau le plus fidèle?), le siége épiscopal de Nantes lui fut offert, Nantes, où il avait laissé une famille entourée d'estime et les amitiés les plus nombreuses comme les plus dévouées. Ébranlé un moment, il se jette au pied de son crucifix, et bientôt il se relève en disant : « Non, je resterai ; c'est ici que Dieu m'a appelé. » Plus tard il s'agit du siége archiépiscopal à jamais illustré par saint Martin. Même refus dicté par le même motif. Dieu l'en récompensa en plaçant à la tête de ces Églises deux illustres Pontifes qui devaient être pour lui des amis si fidèles.

C'était une âme pleine de bonté. Cette bonté, compagne de l'innocence du cœur, répandait un charme infini dans toutes ses relations. La grâce de son accueil, l'amabilité de ses paroles frappaient tous ceux qui l'approchaient. Prompt à la compassion la plus tendre, son premier mouvement le portait à essayer de cicatriser les plaies du cœur. Combien de familles garderont à jamais le souvenir des consolations qu'elles ont reçues de lui, lorsque le malheur était venu les frapper !

Avec cette bonté, comment n'eût-il pas été charitable et généreux? Faut-il que la charité, pour être vraie, s'affiche et s'étale ? Ah ! elle a sa pudeur et ses délicatesses. Ennemie de l'éclat et du retentissement, elle aime à glisser ses bienfaits sous le voile de la discrétion. O Père! dans cet auditoire, il en est, je le sais, à qui le silence pèse en ce moment et dont le cœur voudrait éclater et publier les bienfaits cachés qui ont secouru leur détresse ! Sans doute il faut aussi que *nos bonnes œuvres luisent aux yeux des hommes et les portent à glorifier Dieu* (1). Laissez-moi donc rappeler, je ne dis pas les encouragements qu'il prodiguait à l'admirable *Société de Saint-Vincent de Paul;* je ne dis pas ces invitations si vives et si pressantes à faire l'aumône tant, de fois sorties de sa plume et de ses lèvres, au commencement de la saison rigoureuse ou aux époques de calamité, mais les secours abondants qu'il distribuait; laissez-moi proclamer que pour certaines œuvres capitales (c'était le genre de charité qu'il préférait), ce qu'il a dépensé dans le cours de sa vie, surtout de sa vie épiscopale, dépasse un demi-million ! — A de telles libéralités il n'eût pas suffi sans entamer ses biens de famille; mais il savait qu'il ne trouverait dans ses parents, avant comme après sa mort, que de nobles émules de sa générosité, heureux de s'associer à ses mérites auprès de Dieu (2).

Bon, charitable, généreux, plein de sollicitude pour les classes laborieuses, oui, tel il était; tel aimeront à le dire, en particulier, les membres de la *Société de secours mutuels,* eux qui, dans leur reconnaissance, ont voulu partager avec les élèves du sanctuaire l'honneur de porter ses dépouilles mortelles.

Enfin, un caractère saillant de cette belle âme, c'était une profonde et tendre piété. Oublierez-vous jamais le spectacle d'édification qu'il vous donnait, Mes Frères, soit au milieu des pompes que déploie, aux jours de fêtes, la sainte Liturgie, pour l'oblation du grand Sacrifice; soit lorsqu'aux solennités du *Sacre,* il portait, à travers les rues de la cité, le Dieu de l'Eucharistie; soit lorsqu'il offrait la Victime du salut, sans autre appareil que celui d'une âme pure et fervente; soit enfin, lorsque, prosterné dans le sanctuaire, il s'entretenait avec Jésus-Christ et lui parlait de son cher troupeau? Ne verrez-vous pas toujours cette belle tête couronnée de cheveux blancs, où éclataient, avec la dignité du Pontife, la vivacité de la foi,

---

(1) Matth., V.
(2) Mandement déjà cité.

les ardeurs de la prière ? Voilà ce qui frappait tous les regards, et ceux qui l'approchaient dans l'intimité savent combien sa piété, dont les objets préférés étaient Jésus-Christ et sa sainte Mère, se montrait expansive, affectueuse, ajoutons simple et naïve.

Le moment est venu où il faut rouvrir une plaie si récente et si vive, en disant comment cette belle âme, comment ce Pasteur si bon et si zélé nous a été ravi. Surmontons notre douleur : c'est le dessein de Dieu que notre saint Evêque nous soit un modèle dans sa vie et dans sa mort.

Plein de jours, il jouissait du fruit de ses longs travaux ; il voyait autour de lui lever en riches moissons la semence qu'il avait si largement répandue ; plus que jamais il était environné de l'affection de ses enfants. De cette affection, il avait reçu naguère une preuve éclatante, à l'occasion du cinquantième anniversaire de son sacerdoce, fête si splendide par le déploiement des pompes saintes et d'une admirable éloquence, si émouvante par l'union de tous les cœurs dans un même sentiment de tendre vénération. Nous savions qu'il touchait aux limites que la main de Dieu a posées à la vie des hommes. Des pensées inquiétantes traversaient bien notre esprit et semblaient nous dire, comme autrefois les disciples des prophètes à Elisée : *Savez-vous bien que le temps est arrivé où le Seigneur va vous enlever Elie, votre maître;* mais nous leur répondions comme Elisée, quoique dans un autre sens : *Taisez-vous, Silete* (1). Nous voulions espérer, et tout nous y conviait. Le poids des ans n'avait pu courber son corps : les ombres et les glaces que la mort envoie devant elle n'avaient ni obscurci son esprit, ni refroidi son cœur. Vain espoir ! Des courses fatigantes, dans une saison de feu, lui ont porté un coup irrémédiable. Du moins, aucune grâce du ciel, aucune consolation de la terre n'ont manqué au digne vieillard, de même qu'il nous a donné tous les genres d'édification. Il s'est vu descendre

(1) IV Reg., H.

lentement dans la mort. Il a pu, durant de longs mois, et avec toute la plénitude de son intelligence, mettre la dernière main à ses œuvres, faire la part du cœur à ceux qu'il aimait davantage, principalement aux pauvres ; achever, enfin, cette préparation à la mort, devenue depuis longtemps l'objet continuel de ses pensées. De toutes parts arrivaient autour de son lit de douleur les témoignages les moins équivoques de la tendresse filiale ; il savait que son peuple adressait au ciel pour sa conservation de ferventes prières. Et lui, prêt à tout, à vivre ou à mourir, selon la volonté de Dieu, il offrait le spectacle du calme le plus parfait, d'une patience pleine de courage, d'une piété grandissante. L'image de Jésus-Christ, celle de sa sainte Mère, charmaient ses souffrances et embellissaient à ses yeux jusqu'aux horreurs du trépas. Enfin l'éminent archevêque, ami fidèle, vint lui apporter les derniers secours de la religion. O piété du Pontife encourageant le vénérable ami qui le devance dans l'éternité ! ô piété et humilité du Pontife mourant, se soulevant avec effort sur sa couche pour recevoir son Dieu, et d'une voix défaillante demandant pardon à ses prêtres, si, en dépit de ses intentions, il avait pu en blesser un seul ! ô adieux que se font les saints ! Vous nous avez trop émus pour que nous puissions vous oublier jamais ! — Bientôt la mort achevait sa tâche ; et notre Père, purifié par de cruelles souffrances, escorté de ses vertus et de ses œuvres, paraissait devant le Rémunérateur du *serviteur bon et fidèle* (1).

Quel fut alors le deuil de tous les vrais chrétiens ; quel immense concours se fit autour de la dépouille mortelle ; avec quel empressement l'on se précipita, pendant de longues journées, pour faire toucher quelque objet à ces restes vénérés ; les flots de peuple inondant les rues de la ville et l'enceinte de cette cathédrale, au jour des obsèques ; la présence à cette triste solennité de six évêques entourés de plus de quatre cents prêtres, celle des représentants les plus élevés de l'au-

______

(1) Matth., XXV.

torité ; une grande voix célébrant la *grande vie* qui venait
de s'éteindre ; ce sont des faits trop connus et trop éclatants pour qu'il soit besoin de les rappeler. Tel est, jusque
dans la mort, le prestige sacré qui couronne parmi nous un
Pontife de Jésus-Christ ; tel est l'hommage rendu à un Pasteur
vraiment *choisi de Dieu, qui a nourri son peuple dans l'innocence de son cœur et l'a dirigé avec une activité pleine d'intelligence !*

Et maintenant il n'est plus ! Nos yeux abusés par une si
longue habitude le cherchent toujours, mais en vain... Nous
n'avons de lui que sa dépouille enfermée dans un froid caveau !

Ah ! qu'ai-je dit ? Non, Mes Frères, le trépas n'a point tant
de puissance. Non, il ne lui est pas donné de tout nous ravir,
à l'exception d'un peu de cendre. De celui qu'elle nous a
enlevé, il nous reste son souvenir, la mémoire de sa sainte
vie, l'édification de ses vertus, riche patrimoine, héritage
sacré. Mais il y a plus. Ah ! c'est ici que ma foi triomphante
insulte au trépas. Les morts sont vivants, et, quand ils sont
dans le sein de Dieu, plus vivants que nous, qui nous traînons
parmi les ombres de cette vie périssable. Ils agissent plus et
mieux que nous. Entendez-vous l'apôtre saint Pierre? Sachant
que bientôt il va quitter son corps, comme on quitte *une tente*
où l'on s'abrite en passant, *velox est depositio tabernaculi mei,*
il assure les fidèles *qu'après sa mort il aura soin de les porter
souvent dans sa pensée. Dabo operam et frequenter habere
vos post obitum meum* (1). Ainsi faites-vous déjà, ô Père ;
ainsi ferez-vous, du moins, lorsque nos ardentes prières vous
auront ouvert le ciel, si quelques taches vous retenaient
encore au lieu de l'expiation. Oui, ô Père, *vous aurez soin
de nous porter souvent dans votre pensée.* Vous continuerez
d'être à jamais le pasteur d'une Eglise que vous avez tant

______

(1) II Petr.. I.

aimée. Vous vous choisirez un successeur qui vous ressemble. Vous veillerez sur ces prêtres qui se trouvaient si heureux d'être les auxiliaires de votre zèle, sur ces communautés saintes qui vous étaient si chères. Vous aurez un souvenir plus tendre pour ceux que vous honoriez de votre intimité ; mais vous envelopperez tout le troupeau dans les sollicitudes de votre charité, afin que tout entier il se réunisse autour de vous sous la houlette du *Pasteur éternel*, Jésus-Christ.

Voici les Notes dont il est question dans l'Oraison funèbre.
Elles ont été trouvées éparses dans les papiers de Monseigneur.

Mon premier besoin est de témoigner toute ma reconnaissance
à mes vertueux parents pour l'éducation si religieuse qu'ils m'ont
fait donner. C'est à leur sage direction que je dois le bonheur de
ma vie et l'espérance d'une récompense éternelle.

Je meurs profondément attaché à la foi de la sainte Eglise catholique, apostolique et romaine. Le bon Dieu m'a préservé, toujours, de toute espèce de doutes sur la foi.

Je veux aussi consigner ici ma vénération, ma soumission, mon
affection filiale pour notre très-saint Père le Pape Pie IX.

J'ai admiré son courage dans l'adversité et la noble dignité avec
laquelle il a supporté la spoliation et les attaques auxquelles il
était en butte.

J'ai eu le bonheur d'aller déposer à ses pieds l'hommage de
mon amour et de ma fidélité ; s'il mourait avant moi, je proteste
ici, d'avance, de ma soumission pour son légitime successeur, et
de mon attachement inviolable à la sainte Eglise romaine.

En 1842, cédant aux sollicitations du Nonce de Sa Sainteté, à
Paris, Mgr Garibaldi, de vénérable mémoire, et aux avis de ceux
que je devais regarder comme les organes de la volonté de Dieu,
j'ai accepté, après bien des hésitations, la terrible charge de
l'Episcopat. Ce sacrifice a été le plus pénible de tous ceux que
l'obéissance m'ait jamais imposés, et il m'a fait répandre bien des
larmes au moment de ma nomination et depuis ; mais j'ai pu ne
pas répondre assez aux vues de la Providence et à l'attente de
mes chers diocésains.

Je demande donc humblement pardon à Dieu des fautes que j'ai
commises dans mon administration. Je fais la même demande
aussi à mon clergé, si, contre mon intention, j'ai blessé quelqu'un
de mes prêtres, et je les conjure tous d'avoir la bonté de prier
pour leur pauvre Evêque. Je l'adresse surtout à mes bonnes filles
de mes communautés, auxquelles j'ai toujours porté un véritable
et paternel intérêt ; enfin je l'adresse, cette demande, à mes bien-
aimés commensaux.

J'avais bien le désir de leur rendre agréable le séjour de l'Evéché par l'esprit de famille, mais j'ai pu quelquefois peut-être leur faire de la peine ; je les prie de me pardonner et je me recommande à leurs bonnes prières, dans lesquelles j'ai grande confiance.

———

Je prie Dieu d'avoir pitié de mon âme et je me jette dans les bras de sa toute miséricordieuse bonté. J'ai beaucoup travaillé dans ma vie ; je croyais n'avoir en vue que le zèle pour la gloire de Dieu ; mais, dans ces actions faites trop humainement, bien des fautes m'auront échappé, je lui en demande humblement pardon ; je demande aussi pardon aux personnes que j'aurais pu blesser, et surtout aux membres de mon clergé, à tous mes prêtres que j'aimais de tout mon cœur, et aux prières desquels je me recommande.

Mon Dieu, mon bon Jésus, ayez pitié de moi ! Marie, ma bonne, mon excellente mère, priez pour moi !

———

Je me recommande de nouveau aux prières de tous ceux qui m'étaient si chers, et que je n'oublierai point si le bon Dieu me fait miséricorde. A Dieu, oh ! oui, à Dieu seul ! Je le supplie de me pardonner toutes mes fautes.

Angers, imprimerie-librairi de Eugène BARASSÉ, rue Saint-Laud, 83.

www.ingramcontent.com/pod-product-compliance
Lightning Source LLC
Chambersburg PA
CBHW061317050726
47594CB00004B/1762